Entender
el orden de los sucesos

En un cuento, las cosas pasan en cierto **orden**. Algo pasa **primero, después** y **al final**. Cuando cuentas un cuento, lo debes contar en el orden en que pasaron las cosas.

¡Gracias, mamá!

Lada J. Kratky

Una tortilla...

—Gracias, mamá.

Frijolitos...

—Gracias, mamá.

Queso...

—Gracias, mamá.

Tomates...

—Gracias, mamá.

—¡Ay, qué rico!

—¡Gracias, mamá!

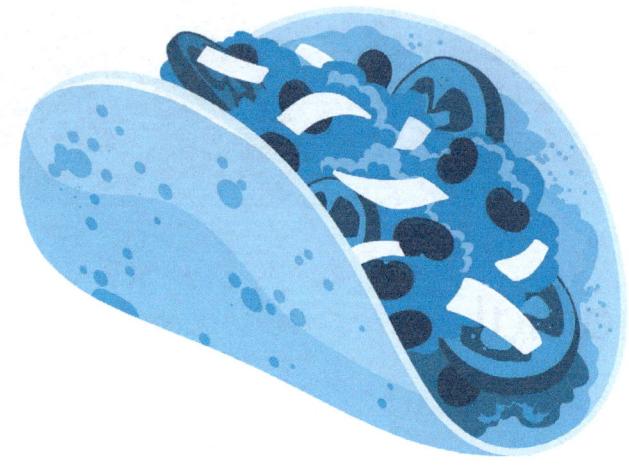

¡Gracias, mamá!
ISBN: 978-1-68292-540-9

© Del texto: 2017, Lada Josefa Kratky
© De esta edición:
2020, Vista Higher Learning, Inc.
500 Boylston Street, Suite 620.
Boston, MA 02116-3736
www.vistahigherlearning.com

Dirección editorial: Isabel C. Mendoza
Edición: Ana I. Antón
Dirección de arte y producción: Jacqueline Rivera
Montaje: Gráfika LLC
Fotógrafo: Carlos Fernando Méndez
Modelos: Mónica Ramos y Luciano Machín

Todos los derechos reservados.
Esta publicación no puede ser reproducida, ni en todo ni en parte, ni registrada en o transmitida por un sistema de recuperación de información, en ninguna forma ni por ningún medio, sea mecánico, fotoquímico, electrónico, magnético, electroóptico, por fotocopia o cualquier otro, sin el permiso previo, por escrito, de la editorial.

Published in the United States of America.

4 5 6 7 8 9 GP 25 24 23 22

Aquí acaba este libro
escrito, ilustrado, diseñado, editado, impreso
por personas que aman los libros.
Aquí acaba este libro que tú has leído,
el libro que ya eres.